Impressum
Verlag: BABADADA GmbH, Nedderfeld 112 , 22529 Hamburg
Geschäftsführer / Verlagsleitung: Harald Hof
Druck: Books on Demand GmbH, In de Tarpen 42, 22848 Norderstedt

Imprint
Publisher: BABADADA GmbH, Nedderfeld 112 , 22529 Hamburg, Germany
Managing Director / Publishing direction: Harald Hof
Print: Books on Demand GmbH, In de Tarpen 42, 22848 Norderstedt

classroom
класны пакой

divide
дзяліць

186/2

board
дошка

school yard
школьны двор

teacher
настаўнік

paper
папера

write
пісаць

pen
ручка

desk
пісьмовы стол

ruler
лінейка

book
кніга

pupil
вучань

satchel

ранец

pencil case

пенал

pencil

просты алоўак

pencil sharpener

тачылка для алоўкаў

rubber

гумка

drawing pad

альбом для малявання

drawing

малюнак

paintbrush

пэндзлік

paint box

фарбы

scissors

нажніцы

glue

клей

exercise book

сшытак

homework

хатняе заданне

number

лік

add

дадаваць

subtract

адымаць

multiply

множыць

calculate

лічыць

letter

літара

alphabet

алфавіт

word

слова

text
тэкст

read
чытаць

chalk
крэйда

lesson
ўрок

register
класны журнал

examination
экзамен

certificate
атэстат

school uniform
школьная форма

education
адукацыя

encyclopedia
энцыклапедыя

university
універсітэт

microscope
мікраскоп

map
карта

waste-paper basket
смеццевы кошык

hotel
гатэль

hostel
хостэл

currency exchange office
абменны пункт

car
аўтамабіль

language
мова

yes / no
так / не

Okay
добра

hello
прывітанне!

translator
перекладчык

Thank you
дзякуй

how much is...?

Колькі каштуе….?

I don´t get it

я не разумею

problem

праблема

Good evening!

Добры вечар!

Good morning!

Добрай раніцы!

Good night!

Дабранач!

goodbye

да пабачэння

direction

кірунак

luggage

багаж

bag

сумка

backpack

заплечнік

guest

госць

room

пакой

sleeping bag

спальны мяшок

tent

палатка

tourist information

інфармацыя для турыстаў

beach

пляж

credit card

крэдытная картка

breakfast

снеданне

lunch

абед

dinner

вячэра

Ticket

праязны білет

elevator

ліфт

stamp

паштовая марка

border

мяжа

customs

мытня

embassy

пасольства

visa

віза

passport

пашпарт

airplane
самалёт

ship
карабель

fire truck
пажарная машына

bus
аўтобус

truck
грузавік

motorboat
маторная лодка

bike
ровар

car
аўтамабіль

ferry
паром

boat
лодка

motorbike
матацыкл

police car
паліцэйская машына

racing car
гоначны аўтамабіль

rental car
арэндаваны аўтамабіль

car sharing

сумеснае карыстанне аўтамабілем

tow truck

эвакуатар

garbage truck

смеццявоз

engine

матор

fuel

паліва

fuel station

запраўка

traffic sign

дарожны знак

traffic

дарожны рух

traffic jam

затор

parking lot

паркоўка

train station

чыгуначная станцыя

tracks

рэйкі

train

цягнік

tram

трамвай

wagon

вагон

helicopter

верталёт

airport

аэрапорт

tower

вежа

passenger

пасажыр

container

кантэйнер

carton

кардонная скрыня

cart

тачка

basket

карзіна

take off / land

ўзлятаць / прызямляцца

city

горад

village

вёска

city center

цэнтр горада

house

дом

movie theater
кінатэатр

advert
рэклама

street light
вулічны ліхтар

CINEMA

street
вуліца

taxi
таксі

snack shop
кіёск

pedestrian
пешаход

sidewalk
тратуар

zebra crossing
пешаходны пераход

dumpster
сметніца

crossing
скрыжаванне

traffic lights
святлафор

hut

халупа

apartment

кватэра

train station

чыгуначная станцыя

city hall

ратуша

museum

музей

school

школа

university

універсітэт

bank

банк

hospital

шпіталь

hotel

гатэль

pharmacy

аптэка

office

офіс

book shop

кнігарня

shop

крама

flower shop

кветкавая крама

supermarket

супермаркет

market

кірмаш

department store

універмаг

fishmonger's shop

рыбная крама

mall

гандлевы цэнтр

harbor

порт

park

парк

bench

лава

bridge

мост

stairs

лесвіца

subway

метро

tunnel

тунэль

bus stop

прыпынак

bar

бар

restaurant

рэстаран

postbox

паштовая скрыня

street sign

вулічны паказальнік

parking meter

паркамат

zoo

заапарк

swimming pool

басейн

mosque

мячэць

farm

сядзіба

pollution

забруджванне
навакольнага асяроддзя

cemetery

могілкі

church

царква

playground

пляцоўка для гульні

temple

храм

landscape

краявід

signpost
паказальнік

path
дарога

meadow
луг

stone
камень

tree
дрэва

hiker
падарожнік

river
рака

grass
трава

flower
кветка

valley

даліна

hill

гара

lake

возера

forest

лес

desert

пустыня

volcano

вулкан

castle

замак

rainbow

вясёлка

mushroom

грыб

palm tree

пальма

mosquito

камар

fly

муха

ant

мурашка

bee

пчала

spider

павук

beetle

жук

frog

жаба

squirrel

вавёрка

hedgehog

вожык

hare

заяц

owl

сава

bird

птушка

swan

лебедзь

boar

дзік

deer

алень

moose

лось

dam

пляціна

wind turbine

вятрак

solar panel

сонечная батарэя

climate

клімат

waiter
афіцыянт

menu
меню

chair
крэсла

soup
суп

pizza
піца

cutlery
сталовыя прыборы

tablecloth
абрус

starter
закуска

main course
другая страва

dessert
дэсерт

drinks
напоі

food
ежа

bottle
бутэлька

fast food

хуткае харчаванне (фаст-
фуд)

street food

стрыт-фуд

teapot

імбрык (чайнік)

sugar bowl

цукарніца

portion

порцыя

espresso machine

эспрэса-машына

high chair

дзіцячае крэселка

bill

рахунак

tray

паднос

knife

нож

fork

відэлец

spoon

лыжка

teaspoon

чайная лыжка

serviette

сурвэтка

glass

шклянка

plate

талерка

soup plate

супавая талерка

saucer

сподак

sauce

соус

salt shaker

сальніца

pepper mill

млынок для перцу

vinegar

воцат

oil

алей

spices

спецыі

ketchup

кетчуп

mustard

гарчыца

mayonnaise

маянэз

special offer
акцыя

customer
пакупнік

dairy products
малочныя прадукты

fruit
садавіна

shopping cart
вазок

butcher's shop

мясная крама

bakery

хлебны магазін

weigh

важыць

vegetables

гародніна

meat

мяса

frozen food

свежазамарожаныя
прадукты

cold cuts

нарэзка

canned food

кансервы

detergent

пральны парашок

candy

прысмакі

household products

хатнія прылады

cleaning products

чысцячы сродак

sales representative

прадавец

cash register

каса

cashier

касір

shopping list

спіс пакупак

opening hours

гадзіны працы

wallet

бумажнік

credit card

крэдытная картка

bag

сумка

plastic bag

пакет

water
вада

juice
сок

milk
малако

coke
кола

wine
віно

beer
піва

alcohol
алкаголь

cocoa
какава

tea
гарбата (чай)

coffee
кава

espresso
эспрэса

cappuccino
капучына

banana

банан

apple

яблык

orange

апельсін

melon

дыня

lemon

лімон

carrot

морква

garlic

часнок

bamboo

бамбук

onion

цыбуля

mushroom

грыб

nuts

арэхі

noodles

локшына

spaghetti

спагеці

rice

рыс

salad

салата

fries

бульба фры

fried potatoes

смажаная бульба

pizza

піца

hamburger

гамбургер

sandwich

бутэрброд

escalope

шніцаль

ham

вяндліна

salami

салямі

sausage

каўбаса

chicken

курыца

roast

смажаніна

fish

рыбак

porridge oats

аўсяныя камякі

muesli

мюслі

cornflakes

кукурузныя шматкі

flour

мука

croissant

круасан

bread roll

булачка

bread

хлеб

toast

тост

cookies

пячэнне

butter

масла

curd

тварог

cake

пірог

egg

яйка

fried egg

яечня

cheese

сыр

ice cream

марожанае

sugar

цукар

honey

мёд

jelly

варэнне

nougat cream

нуга

curry

кары

goat

каза

cow

карова

calf

цяля

pig

свіння

piglet

парася

bull

бык

goose

гусак

duck

качка

chick

кураня

hen

курыца

cockerel

певень

rat

пацук

cat

кот

mouse

мыш

ox

вол

dog

сабака

dog house

сабачая будка

garden hose

садовы шланг

watering can

палівачка

scythe

каса

plow

плуг

sickle

серп

hoe

матыка

pitchfork

вілы для гною

axe

сякера

pushcart

тачка

trough

карыта

milk can

бітон для малака

sack

мех

fence

плот

stable

хлеў

greenhouse

цяпліца

soil

глеба

seed

насенне

fertilizer

угнаенне

combine harvester

камбайн

harvest

збіраць ураджай

harvest

ураджай

yams

ямс

wheat

пшаніца

soya

соя

potato

бульба

corn

кукуруза

rapeseed

рапс

fruit tree

садовае дрэва

manioc

маніёк

grain

збожжа

living room

жылы пакой

bathroom

ванная

kitchen

кухня

bedroom

спальны пакой

kids room

дзіцячы пакой

dining room

сталоўка

floor

падлога

wall

сцяна

ceiling

столь

cellar

падвал

sauna

саўна

balcony

балкон

terrace

тэраса

pool

басейн

lawn mower

касілка

sheet

падкоўдранік

bedspread

коўдра

bed

ложак

broom

венік

bucket

вядро

switch

выключальнік

carpet

дыван

drape

фіранка

table

стол

chair

крэсла

rocking chair

крэсла-качалка

armchair

крэсла

book

кніга

blanket

коўдра

decoration

дэкарацыя

firewood

дровы

film

кіно

stereo system

стэрэасістэма

key

ключ

newspaper

газета

painting

карціна

poster

постар

radio

радыё

notebook

нататнік

vacuum cleaner

пыласос

cactus

кактус

candle

свечка

fridge
халадзільнік

microwave oven
мікрахвалёвая печ

kitchen scales
кухонныя шалі

toaster
тостар

laundry detergent
мыйны сродак

stove
духоўка

freezer
маразілка

dishwasher
посудамыйная
машына

cooker

пліта

pot

рондаль

cast-iron pot

чыгунок

wok / kadai

Вок / кадаі

pan

патэльня

kettle

чайнік

steamer

параварка

baking tray

бляха

crockery

посуд

mug

кубак

bowl

міска

chopsticks

палачкі для ежы

ladle

чарпак

spatula

лапатачка

whisk

збівалка

strainer

сіта для варэння

sieve

сіта

grater

тарка

mortar

ступка

barbecue

грыль

fireplace

вогнішча

chopping board

дошка

rolling pin

качалка

corkscrew

штопар

can

бляшанка

can opener

адкрывалка

oven cloth

прыхваткі

sink

ракавіна

brush

шчотка

sponge

губка

blender

міксер

deep freezer

маразільная камера

baby bottle

бутэлечка

tap

вадаправодны кран

heating
ручніковы сушыцель

towel
ручнік

shower
душ

shower curtain
штора для душа

bubble bath
пенная ванна

bathtub
ванна

glass
шклянка

washing machine
мыйная машына

tap
вадаправодны кран

tiles
плітка

potty
начны гаршчок

sink
ракавіна

toilet

туалет

squat toilet

падлогавы ўнітаз

bidet

бідэ

urinal

пісуар

toilet paper

туалетная папера

toilet brush

шчотка для чысткі ўнітаза

toothbrush

зубная шчотка

toothpaste

зубная паста

dental floss

зубная нітка

wash

мыць

hand shower

ручны душ

douche

інтымны душ

basin

умывальнік

back brush

шчотка для спіны

soap

мыла

shower gel

гель для душа

shampoo

шампунь

flannel

вяхотка

drain

вадасцёк

creme

крэм

deodorant

дэзадарант

mirror

люстэрка

hand mirror

касметычнае люстэрка

razor

станок для галення

shaving foam

пена для галення

aftershave

ласьён пасля галення

comb

грэбень

brush

шчотка

hair-dryer

фен

hairspray

лак для валасоў

makeup

касметыка

lipstick

памада

nail varnish

лак для пазногцяў

cotton wool

вата

nail scissors

манікюрныя нажніцы

perfume

духі

washbag

касметычка

stool

табурэтка

weighing scales

вагі

bathrobe

лазневы халат

rubber gloves

санітарныя пальчаткі

tampon

тампон

sanitary towel

гігіенічныя пракладкі

chemical toilet

біятуалет

alarm clock
будзільнік

cuddly toy
мяккая цацка

toy car
цацачная машынка

rattle
бразготка

doll's house
лялечны домік

present
падарунак

balloon
надзіманы шарык

bed
ложак

stroller
дзіцячая каляска

deck of cards
калода картаў

jigsaw
пазл

comic
комікс

lego bricks

канструктар "Лега"

toy blocks

канструктар

action figure

экшэн-фігурка

romper suit

дзіцячы гарнітур

frisbee

фрызбі

mobile

дзіцячы мабіль

board game

настольная гульня

dice

кубік

model train set

дзіцячая чыгунка

pacifier

пустышка

party

дзіцячае свята

picture book

кніга з малюнкамі

ball

мячык

doll

лялька

play

гуляцца

sandpit

пясочніца

swing

арэлі

toys

цацкі

video game console

гульнявая відэа прыстаўка

tricycle

трохколавы ровар

teddy bear

плюшавы мішка

wardrobe

шафа

clothing

адзенне

socks

шкарпэткі

stockings

панчохі

tights

калготкі

scarf
шалік

umbrella
парасон

t-shirt
цішотка

belt
рамень

boots
боты

slippers
пантоплі

sneakers
красоўкі

sandals
......
сандалі

shoes
......
абутак

rubber boots
......
гумовыя боты

underwear
......
трусы

bra
......
бюстгальтар

undershirt
......
майка

clothing - адзенне

body

бодзі

pants

штаны

jeans

джынсы

skirt

спадніца

blouse

блузка

shirt

кашуля

pullover

джэмпер

sweater

талстоўка

blazer

блэйзер

jacket

куртка

coat

паліто

raincoat

дажджавік

costume

касцюм

dress

сукенка

wedding dress

вясельная сукенка

suit

касцюм

nightgown

начная сарочка

pajamas

піжама

sari

сары

headscarf

хустка

turban

цюрбан

burka

паранджа

kaftan

каптан

abaya

Абая

swimsuit

купальнік

trunks

плаўкі

shorts

шорты

tracksuit

спартыўны касцюм

apron

фартух

gloves

пальчаткі

button

гузік

glasses

акуляры

bracelet

бранзалет

necklace

каралі

ring

кальцо

earring

завушніца

cap

кепка

coat hanger

вешалка

hat

капялюш

tie

гальштук

zip

маланка

helmet

шлем

braces

падцяжкі

school uniform

школьная форма

uniform

уніформа

bib

нагруднік

pacifier

пустышка

diaper

падгузнік

server
сервер

filing cabinet
канцылярская шафа

printer
прынтэр

paper
папера

monitor
манітор

mouse
мыш

desk
пісьмовы стол

folder
тэчка

keyboard
клавіятура

waste-paper basket
смеццевы кошык

chair
крэсла

computer
кампутар

coffee mug

кубак для кавы (філіжанка)

calculator

калькулятар

internet

інтэрнэт

laptop

ноўтбук

letter

ліст

message

паведамленне

cell phone

мабільны тэлефон

network

сетка

photocopier

ксеракс

software

праграмнае забеспячэнне

telephone

тэлефон

plug socket

разетка

fax machine

факс

form

фармуляр

document

дакумент

buy

купляць

pay

плаціць

trade

гандляваць

money

грошы

dollar

долар

euro

еўра

yen

ена

rouble

рубель

Swiss franc

франк

renminbi yuan

кітайскі юань

rupee

рупія

cash point

банкамат

currency exchange office

абменны пункт

gold

золата

silver

срэбра

oil

нафта

energy

энергія

price

цана

contract

кантракт

tax

падатак

stock

акцыя

work

працаваць

employee

служачы

employer

працадаўца

factory

фабрыка

shop

крама

police officer
паліцыянт

fireman
пажарны

cook
кухар

doctor
доктар

pilot
пілот

gardener

садоўнік

carpenter

слесар

seamstress

швачка

judge

суддзя

chemist

хімік

actor

артыст

bus driver

кіроўца аўтобуса

taxi driver

таксіст

fisherman

рыбак

cleaning lady

прыбіральшчыца

roofer

страхар

waiter

афіцыянт

hunter

паляўнічы

painter

мастак

baker

пекар

electrician

электрык

builder

будаўнік

engineer

інжынер

butcher

мяснік

plumber

сантэхнік

postman

паштальён

occupations - прафесіі

soldier

салдат

architect

архітэктар

cashier

касір

florist

фларыст

hairdresser

цырульнік

conductor

кандуктар

mechanic

механік

captain

капітан

dentist

стаматолаг

scientist

вучоны

rabbi

рабін

imam

імам

monk

манах

pastor

святар

hammer
малаток

pliers
пласкагубцы

screwdriver
адвёртка

wrench
гаечны ключ

torch
ліхтарык

excavator

экскаватар

toolbox

скрыня для інструментаў

ladder

дравіны

saw

піла

nails

цвікі

drill

дрыль

repair

рамантаваць

shovel

рыдлеўка

Damn!

Халера!

dustpan

шуфлік для смецця

paint can

вядро з фарбаю

screws

балты

musical instruments
музычныя інструменты

loud speaker
калонкі

drum set
ударны інструмент

guitar
гітара

double bass
кантрабас

trumpet
труба

piano

піяніна

violin

скрыпка

bass

басгітара

timpani

літаўры

drums

барабан

keyboard

клавішны электрамузычны
інструмент

saxophone

саксафон

flute

флейта

microphone

мікрафон

tiger
тыгр

entrance
уваход

cage
клетка

zebra
зебра

animal feed
корм для жывёл

panda
панда

animals

жывёлы

elephant

слон

kangaroo

кенгуру

rhino

насарог

gorilla

гарыла

bear

мядзведзь

camel

вярблюд

ostrich

стравус

lion

леў

monkey

малпа

flamingo

фламінга

parrot

папугай

polar bear

белы мядзведзь

penguin

пінгвін

shark

акула

peacock

паўлін

snake

змяя

crocodile

кракадзіл

zookeeper

наглядчык заапарка

seal

цюлень

jaguar

ягуар

pony

поні

leopard

леапард

hippo

бегемот

giraffe

жыраф

eagle

арол

boar

дзік

fish

рыбак

turtle

чарапаха

walrus

морж

fox

ліса

gazelle

газель

American football
амерыканскі футбол

cycling
веласпорт

tennis
тэніс

basketball
баскетбол

swimming
плаванне

boxing
бокс

ice hockey
хакей з шайбай

soccer
футбол

badminton
бадмінтон

athletics
лёгкая атлетыка

handball
гандбол

skiing
горныя лыжы

polo
пола

jump
скакаць

laugh
смяяцца

hug
абдымаць

walk
ісці

sing
спяваць

dream
марыць

pray
маліцца

kiss
цалаваць

write	draw	show
пісаць	маляваць	паказваць

push	give	take
націснуць	даваць	браць

have

маць

do

выконваць

be

быць

stand

стаяць

run

бегчы

pull

цягнуць

throw

кідаць

fall

падаць

lie

ляжаць

wait

чакаць

carry

насіць

sit

сядзець

get dressed

апранацца

sleep

спаць

wake up

прачынацца

look at

глядзець

cry

плакаць

stroke

лашчыць

comb

прычэсвацца

talk

гаварыць

understand

разумець

ask

пытаць

listen

чуць

drink

піць

eat

есці

tidy up

прыбіраць

love

кахаць

cook

гатаваць

drive

ехаць

fly

лятаць

sail

плаваць пад ветразем

calculate

лічыць

read

чытаць

learn

вучыць

work

працаваць

marry

уступаць у шлюб

sew

шыць

brush teeth

чысціць зубы

kill

забіваць

smoke

курыць

send

пасылаць

grandmother
бабуля

grandfather
дзядуля

father
бацька

mother
маці

baby
дзіця

daughter
дачка

son
сын

guest
госць

aunt
цётка

uncle
дзядзька

brother
брат

sister
сястра

forehead
лоб

eye
вока

shoulder
плячо

finger
палец

face
твар

chin
падбародак

hand
рука

breast
грудзі

leg
нага

arm
рука

baby

дзіця

man

мужчына

woman

жанчына

girl

дзяўчынка

boy

хлопчык

head

галава

back

спіна

belly

жывот

navel

пуп

toe

палец нагі

heel

пятка

bone

костка

hip

бядро

knee

калена

elbow

локаць

nose

нос

buttocks

ягадзіца

skin

скура

cheek

шчака

ear

вуха

lip

губа

mouth
рот

tooth
зуб

tongue
язык

brain
галаўны мозг

heart
сэрца

muscle
мышца

lung
лёгкае

liver
пячонка

stomach
страўнік

kidneys
ныркі

sex
сэкс

condom
прэзерватыў

ovum
яйцаклетка

semen
сперма

pregnancy
цяжарнасць

menstruation

менструацыя

vagina

похва

penis

пеніс

eyebrow

брыво

hair

валасы

neck

шыя

hospital
шпіталь

ambulance
машына хуткай дапамогі

wheelchair
інваліднае крэсла

fracture
пералом

doctor

доктар

emergency room

аддзяленне першай
дапамогі

nurse

медсястра

emergency

экстраная дапамога

unconscious

непрытомны

pain

боль

injury

траўма

bleeding

крывацёк

heart attack

інфаркт

stroke

апаплексія

allergy

алергія

cough

кашаль

fever

гарачка

flu

грып

diarrhea

панос

headache

галаўны боль

cancer

рак

diabetes

дыябет

surgeon

хірург

scalpel

скальпель

operation

аперацыя

hospital - шпіталь

CT

КТ

x-ray

рэнтген

ultrasound

ультрагук

face mask

маска

disease

хвароба

waiting room

пачакальня

crutch

мыліца

plaster

пластыр

bandage

бінт

injection

ін'екцыя

stethoscope

стэтаскоп

stretcher

насілкі

clinical thermometer

градуснік

birth

нараджэнне

overweight

лішняя вага

hearing aid

слухавы апарат

disinfectant

дэзінфекцыйны сродак

infection

інфекцыя

virus

вірус

HIV / AIDS

ВІЧ/СНІД

medicine

лекі

vaccination

прышчэпка

tablets

таблеткі

pill

супрацьзачаткавая таблетка

emergency call

экстраны выклік

blood pressure monitor

танометр

ill / healthy

хворы / здаровы

Help!

Ратуйце!

alarm

сігналізацыя

assault

напад

attack

атака

danger

небяспека

emergency exit

аварыйны выхад

Fire!

Пажар!

fire extinguisher

вогнетушыцель

accident

аварыя

first-aid kit

аптэчка

SOS

СОС

police

паліцыя

Europe

Еўропа

North America

Паўночная Амерыка

South America

Паўднёвая Амерыка

Africa

Афрыка

Asia

Азія

Australia

Аўстралія

Atlantic

Атлантычны акіян

Pacific

Ціхі акіян

Indian Ocean

Індыйскі акіян

Antarctic Ocean

Паўднёвы ледавіты акіян

Arctic Ocean

Паўночны ледавіты акіян

North pole

Паўночны полюс

South pole

Паўднёвы полюс

Antarctica

Антарктыда

earth

Зямля

land

краіна

sea

мора

island

востраў

nation

нацыя

state

дзяржава

clock face

цыферблат

hour hand

гадзінная стрэлка

minute hand

хвілінная стрэлка

second hand

секундная стрэлка

What time is it?

Колькі часу?

day

дзень

time

час

now

зараз

digital watch

электронны гадзіннік

minute

хвіліна

hour

гадзіна

week

тыдзень

Monday
панядзелак

Tuesday
аўторак

Wednesday
серада

Thursday
чацвер

Friday
пятніца

Saturday
субота

Sunday
нядзеля

yesterday

ўчора

today

сёння

tomorrow

заўтра

morning

раніца

noon

абед

evening

вечар

MO	TU	WE	TH	FR	SA	SU
1	2	3	4	5	6	7
8	9	10	11	12	13	14
15	16	17	18	19	20	21
22	23	24	25	26	27	28
29	30	31	1	2	3	4

workdays

працоўныя дні

MO	TU	WE	TH	FR	SA	SU
1	2	3	4	5	6	7
8	9	10	11	12	13	14
15	16	17	18	19	20	21
22	23	24	25	26	27	28
29	30	31	1	2	3	4

weekend

выхадныя

rain
дождж

spring
вясна

summer
лета

wind
вецер

fall
восень

snow
снег

winter
зіма

weather forecast

прагноз надвор'я

thermometer

градуснік

sunshine

сонечнае святло

cloud

воблака

fog

туман

humidity

вільготнасць паветра

lightning

маланка

thunder

гром

storm

бура

hail

град

monsoon

мусонны вецер

flood

прыліў

ice

лёд

January

студзень

February

люты

March

сакавік

April

красавік

May

май

June

чэрвень

July

ліпень

August

жнівень

year - год

September
....
верасень

October
....
кастрычнік

November
....
лістапад

December
....
снежань

shapes
формы

circle
....
круг

square
....
квадрат

rectangle
....
прамавугольнік

triangle
....
трохвугольнік

sphere
....
шар

cube
....
куб

white
....
белы

yellow
....
жоўты

orange
....
аранжавы

pink
....
ружовы

red
....
чырвоны

purple
....
фіялетавы

blue
....
сіні

green
....
зялёны

brown
....
карычневы

gray
....
шэры

black
....
чорны

a lot / a little

шмат / мала

angry / calm

злы / добры

beautiful / ugly

прыгожы / брыдкі

beginning / end

пачатак / канец

big / small

высокі / малы

bright / dark

светлы / цёмны

brother / sister

сястра / брат

clean / dirty

чысты / брудны

complete / incomplete

поўны / няпоўны

day / night

дзень / ноч

dead / alive

мёртвы / жывы

wide / narrow

шырокі / вузкі

edible / inedible

ядомы / неядомы

evil / kind

злы / добры

excited / bored

узбуджаны / нудны

fat / thin

тоўсты / тонкі

first / last

першы / апошні

friend / enemy

сябар / вораг

full / empty

поўны / пусты

hard / soft

цвёрды / мяккі

heavy / light

важкі / лёгкі

hunger / thirst

голад / смага

ill / healthy

хворы / здаровы

illegal / legal

нелегальны / легальны

intelligent / stupid

разумны / дурны

left / right

левы / правы

near / far

побач / далёка

new / used

новы / былы ва ўжыванні

nothing / something

нічога / нешта

old / young

стары / малады

on / off

укл / выкл

open / closed

адчынены / зачынены

quiet / loud

ціхі / гучны

rich / poor

багаты / бедны

right / wrong

правільна / няправільна

rough / smooth

шурпаты / гладкі

sad / happy

сумны / шчаслівы

short / long

кароткі / доўгі

slow / fast

павольны / хуткі

wet / dry

вільготны / сухі

warm / cool

цёплы / халаднаваты

war / peace

вайна / мір

лічбы

0

zero

нуль

1

one

адзін

2

two

два

3

three

тры

4

four

чатыры

5

five

пяць

6

six

шэсць

7

seven

сем

8

eight

восем

9

nine

дзевяць

10

ten

дзесяць

11

eleven

адзінаццаць

12

twelve

дванаццаць

13

thirteen

трынаццаць

14

fourteen

чатырнаццаць

15

fifteen

пятнаццаць

16

sixteen

шаснаццаць

17

seventeen

сямнаццаць

18

eighteen

васямнаццаць

19

nineteen

дзевятнаццаць

20

twenty

дваццаць

100

hundred

сто

1.000

thousand

тысяча

1.000.000

million

мільён

languages

мовы

English

англійская

American English

англійская (Амерыка)

Chinese Mandarin

кітайская мандарынская

Hindi

хіндзі

Spanish

іспанская

French

французская

Arabic

арабская

Russian

руская

Portuguese

партугальская

Bengali

бенгальская

German

нямецкая

Japanese

японская

I

я

you

ты

he / she / it

ён / яна / яно

we

мы

you

вы

they

яны

who?

хто?

what?

што?

how?

як?

where?

дзе?

when?

калі?

name

імя

behind

за

in

у

in front of

перад

over

над

on

на

under

пад

beside

каля

between

паміж

place

месца